LOS COLORES DE
LA ciudad
De los taxis a los rascacielos

por Joyce Markovics

Consultora: Kimberly Brenneman, PhD
Instituto Nacional para la Investigación en Educación Temprana, Universidad de Rutgers
New Brunswick, Nueva Jersey

New York, New York

Créditos

Cubierta, © Eldad Carin/Shutterstock, © Rawpixel/Shutterstock, © Space Chimp/Shutterstock, and © Bruno Ferrari/Shutterstock; 3T, © Martin Shields/Alamy; 3M, © justasc/Shutterstock; 3B, © iStock/Thinkstock; 4–5, © Songquan Deng/Shutterstock; 6, © 1000 Words/Shutterstock; 7, © Ian Hubball/Thinkstock; 8–9, © Bruno Ferrari/Shutterstock; 10–11, © Songquan Deng/Thinkstock; 12, © Tony Tallec/Alamy; 13, © Sascha Preussner/Shutterstock; 14–15, © iStock/Thinkstock; 16–17, © Kuttig–Travel/Alamy; 18–19, © Martin Shields/Alamy; 19, © rorem/Shutterstock; 20, © dashingstock/Shutterstock; 21, © Scott Cornell/Shutterstock; 22T, © iStock/Thinkstock; 22B, © stockelements/Shutterstock; 23TL, © Mike Flippo/Shutterstock; 23TR, © 123RF; 23BL, © iStock/Thinkstock; 23BR, © Debby Wong/Shutterstock; 24, © Tom Grundy.

Editor: Kenn Goin
Editora principal: Joyce Tavolacci
Director creativo: Spencer Brinker
Diseñadora: Debrah Kaiser
Editor de fotografía: Michael Win
Editora de español: Queta Fernandez

Datos de catalogación de la Biblioteca del Congreso

Markovics, Joyce L., author.
  [City colors. Spanish]
  Los colores de la ciudad: de los taxis a los rascacielos / Joyce Markovics; consultora, Kimberly Brenneman, PhD, Instituto Nacional para la Investigación en Educación Temprana, Universidad de Rutgers, New Brunswick, Nueva Jersey.
      pages cm.—(Los colores cuentan una historia)
  Includes bibliographical references and index.
  ISBN-13: 978-1-62724-464-0 (library binding)
  ISBN-10: 1-62724-464-6 (library binding)
  1. Colors—Juvenile literature. 2. Cities and towns—Juvenile literature. I. Title.
  QC495.5.M367518 2015
  535.6—dc23

2014023008

Para más información, escriba a Bearport Publishing Company, Inc., 45 West 21st Street, Suite 3B, New York, New York 10010. Impreso en los Estados Unidos de América.

10 9 8 7 6 5 4 3 2 1

Contenido

Los colores de la ciudad

Las ciudades están llenas de colores intensos y brillantes.

Ellos cuentan una historia emocionante acerca de la ciudad.

Un **semáforo** se pone rojo.

Los autos y los autobuses frenan con un chirrido.

El rojo significa que hay que parar.

Un auto amarillo pasa zumbando.

Por el color la gente sabe que es un taxi.

El taxi deja a una persona y recoge a otra.

La punta de un edificio alto está iluminada.

Las luces son rojas, blancas y azules.

¡Porque es el Cuatro de Julio!

11

Una persona corre por el pasillo de un hospital.

Está vestida de verde.

Por el color la gente sabe
que ella es una doctora.

El cielo de la ciudad cambia de la mañana a la noche.

Durante el día, es de color azul intenso.

Cuando el sol se pone, el cielo se vuelve anaranjado.

Mira las franjas blancas en la calle llena de gente.

Forman un paso de peatones.

Las franjas blancas le dicen a la gente por dónde es seguro cruzar la calle.

El mapa del **metro** tiene muchos colores.

Cada color muestra una **ruta** de metro diferente.

Cada ruta viaja entre distintos lugares.

En un desfile, la gente marcha con **uniformes** de colores.

Enormes globos
flotan en la calle.

¡Mira todos los
colores de la ciudad!

El edificio Empire State es un rascacielos famoso de la ciudad de Nueva York. La punta del edificio cambia de color para festejar los diferentes días feriados.

Mira las fotos. Cada una muestra al Empire State durante una celebración. Piensa en los colores que representan a los días feriados que aparecen aquí, y une cada foto con la correspondiente celebración.

1. Día de San Valentín

2. Día de San Patricio

3. Día de Acción de Gracias

4. Hanukkah

5. Navidad

A   B   C   D   E

22

Las respuestas aparecen en la página 24.

Glosario

metro un tren o sistema de trenes eléctricos que corre por debajo de una ciudad

ruta el camino o vía que una persona o un tren sigue desde un lugar a otro

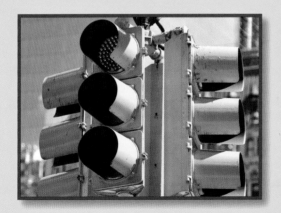

semáforo un conjunto de luces que controla el tráfico

uniformes un conjunto de ropas específicas que usa un grupo de personas

Índice

Lee más

Milich, Zoran. *City Colors.* Toronto: Kids Can Press (2006).

Wellington, Monica. *Colors for Zena.* New York: Dial Books (2013).

Lee más en línea

Para aprender más sobre los colores de las celebraciones, visita **www.bearportpublishing.com/ColorsTellaStory**

Acerca de la autora

Joyce Markovics y su esposo Adam viven junto al río Hudson, en Tarrytown, Nueva York. Joyce trabaja en la brillante, intensa y colorida ciudad de Nueva York.

Respuestas de la página 22:

1. B; 2. D; 3. E; 4. C; 5. A